AF603591

RECUEIL

DE QUELQUES LETTRES, SORTIES DU FOND D'UNE PRISON;

Écrites et adressées par une Victime infortunée des Pouvoirs anciens et modernes, à sa femme, sa fille unique et son gendre, qu'il n'a pas vus depuis onze ans.

par M. De Sanois.

1797 et 1798, vieux style.

Nota. Personne n'est nommé dans ce Recueil.

AVIS PRÉLIMINAIRE,

TIRÉ DES LIVRES SAINTS.

QUONIAM me speravit liberabo eum, protegam eum, quoniam cognovit nomen meum, clamavit ad me, et ego exaudiam eum. Cum ipso sum in tribulatione, et eripiam eum, et glorificabo eum.

Je le délivrerai, dit le Seigneur, *parce qu'il a mis en moi sa confiance; je serai son protecteur, parce qu'il a connu mon nom; il m'a invoqué, et je l'exaucerai, je serai avec lui dans les jours d'affliction, et je l'en ferai sortir avec* gloire. Ps. 90.

Si étant sur le point de présenter votre offrande à l'autel, vous vous souvenez que votre prochain à quelque chose contre vous, laissez-là votre offrande devant l'autel, et allez vous réconcilier auparavant avec votre prochain, et après cela vous reviendrez présenter votre offrande.

Evang. de St. Math. 5. 20.

L'Evangile nous apprend à éviter le mal, et à faire le bien.

NICOLE, Ess. T. 13, pag. 2.

11 *Septembre* 1797, *v. sty.*

A MA FEMME.

Je me vois sans peine, Madame, denué dans ma vieillesse de tout ce dont la privation me paroissoit autrefois insuportable. A force de persécutions depuis 1785, on me conduira à la fin de ma carrière.

J'aurois désiré que mes vieilles années eussent été précédées d'une vie pure. Dieu après m'avoir abandonné à quelques égaremens veut bien me faire la grace de me sanctifier par les afflictions, les adversités et les amertumes. Une grande consolation dans les souffrances, c'est de penser que la résignation est un sacriffice qui plait à la divinité. Il ne faut pas que je perde cet avantage par des murmures et des impatiences.

Les adversités élèvent quelquefois tellement l'ame au-dessus des choses de la terre qu'insensiblement on s'acoutume à ne plus songer qu'à celles du ciel, en sorte que la mort même, si dure à la nature, et qui inspire tant d'horreur au commun des hommes, n'a pour ainsi-dire pas éffrayé la plupart des femmes chrétiennes qui ont péri par les massacres, ou par le glaive de la revolution ; loin de les abattre, elles se sont presque toutes montrées fortes et courageuses, sans excepter la Reine. Les grands maux sont donc souvent de véritables biens.

Je pourrois, Madame, vous adresser en ce moment les exhortations les plus vives et les plus touchantes. C'est mon caractère, d'être sensible au salut de mon prochain.

Si quelqu'un d'entre vous, disent nos livres sacrés, *s'égare du chemin de la vérité, et que quelqu'un l'y fasse rentrer, qu'il sache que celui qui convertira un pécheur et le retirera de son égarement, sauvera son ame de la mort, et couvrira la multitude de ses péchés....* St. Jacq. 5. 16.

Cependant je vous épargne de plus longues exhortations, les anciennes n'ayant pas jusqu'à présent été éfficaces, vous les avez toutes méprisées.

Les paroles des hommes sont incapables de toucher les cœurs, si la grace ne les seconde ; il n'appartient qu'à elle d'alumer dans nos ames le répentir de nos fautes, et l'amour de nos devoirs ; sans elle on n'a jamais que des vertus feintes. Si vous demandiez cette grace avec ferveur, elle vous seroit indubitablement accordée, et vous feroit entreprendre les choses pour lesquelles vous avez le plus d'horreur et d'adversion, celle de voir votre mari, avant sa mort, et la vôtre. Je vous ai fait connoître à plusieurs reprises le sacriffice de mes ressentimens ; je vous ai montré depuis long-tems la voie du salut, c'est à vous a demander à Dieu la force d'y marcher. Depuis près de dix ans je vous ai souvent annoncé sa parole divine ; c'est à vous a lui demander la grace de l'écouter, et de l'observer, afin que vous cessiez enfin de connoître sa volonté sans la pratiquer.

Que vous servira de croire, si vous n'éxecutez pas ce que vous croyez ?

Ce que vous ne voulez pas entendre maintenant vous ne le comprendrez que trop au lit de la mort, et il ne sera plus tems.

La haine envenimée, cette haine

qui ne veut point entendre parler de réconciliation, est un vice diabolique, c'est le véritable poison de la vertu.

Je finis, Madame, en vous faisant connoître que je désire de tout mon cœur que Dieu verse ses bénedictions sur vous, Madame, sur votre fille, sur votre gendre, sur vos petits enfans [que je n'ai jamais vus *], et qu'il rende ses jeunes plante fertiles en vertus.

Vous me devez environ 1400 liv. j'ai 18 liv. dans ma poche, j'ignore qui me nourrira dans ma prison.

Point de réponse, mais on m'a envoyé 400 livres à valoir.

(*) Je suis leur grand-pere, et j'ignore leur nombre, leurs âges, et pour ainsi dire leur sexe.

22 Septembre 1797. v. sty.

A MA FILLE.

Si vous eussiez cherché, Madame, à faire voir dans une meilleure conduite, quelques marques de la crainte de Dieu, et de respect pour l'opinion publique, quelques signes de repentir, en vous dépouillant aujourd'hui de tout sentiment de haine et d'animosité contre votre pere, la providence vous envoyoit dans ce moment une occasion précieuse [que vous perdez encore] de me donner, avant ma mort prochaine, quelque témoignage de sensibilité, en venant me voir, en volant au sécours de cet infortuné pere qui [ne connoissant qui que ce soit dans le liéu où il est détenu,] avoit besoin d'y rassembler quelques personnes bienfaisantes, et charitables, pour y travailler à accelérer, à hâter la fin de son affaire, qui sera jugée à votre porte.

Jouet et victime de quelqu'ennemi inconnu, ou de quelque méchant homme qui s'est plû à faire imprimer mes noms de baptême, à la fin d'un imprimé de trois pages, contre les jacobins et les clubistes; je vous demande ici, Madame, dans quelles mains je devois trouver du sécours, au fond d'une prison située à votre porte?

Les adversités et les traverses qui me surviennent coup sur coup, servent à m'affermir au bord du tombeau, dans la religion de mes peres. Je ne puis regader ces contradictions comme un mal, Dieu les permet pour m'attirer tout-à-fait à lui. Ce qui paroit nous affliger sert a purifier les fautes passées.

Ma plus grande peine, Madame, est donc d'avoir a considérer que votre conscience ne vous reproche rien à mon égard ; c'est enfin de ne pas vous voir rentrer dans la voie dont vous vous êtes égarée ; c'est de vous voir négliger avec l'insouciance la plus criminelle les soins que vous deviez à votre pere, âgé et infirme dans la circonstance actuelle.

J'implore pour vous, sans cesse la miséricorde divine ; je prie Dieu de ne pas vous laisser mourir dans votre péché ; je souhaite que vous vous rendiez à mes exhortations paternelles. Ce Dieu tout puissant vous a parlé avant moi, par ses livres saints. Ils vous ont appris ce qu'une fille doit à son pere, et une chrétienne à son prochain. *Point de réponse.*

25 Septembre 1797.

A MA FILLE UNIQUE.

Vous n'avez pas pris la peine de répondre à ma premiere lettre, en voici une seconde : je ne me rebute pas.

Je serai sans cesse occupé, Madame, d'attaquer, par la voie des exhortations, votre ame endurcie; de travailler à calmer cette haine ulcerée qui vous expose à la redoutable vengeance divine.

Après avoir cherché par toutes sortes de moyens à ébranler votre obstination dans la haine que vous portez à votre pere, assurez-vous bien, Madame, que je ne vous laisserai point de répos que je n'aye entierement guéri les playes de votre cœur, en vous amenant à un pur répentir, et à une sincere réconciliation. J'espére qu'a cet égard je recevrai dans l'éternité la récompense de mes travaux; j'espére même qu'avec les secours de la providence, qui sont inépuisables pour quiconque les reclame avec persévérance, je parviendrai enfin au but que je me propose.

J'attends avec impatience ce triomphe sur les gens mal-intentionnés dont vous suivez les dangereux exemples, ou les perfides conseils. [*]

Celui qui a multiplié les cinq pains, etc. etc. etc. daignera accorder ce nouveau miracle à mes prieres, en vous faisant reconnoître sa toute-puissance sur le cœur de

(*) 1°. La mere. 2°. Une petite troupe de flateurs, ennemis de Dieu et des hommes. Je ne me permets de nommer personne.

l'homme, en vous donnant une sainte horreur pour les maximes opposées à celles de son evangile. Je suis toujours plein de cette pensée.

Et je mourrois dans une espéce de desespoir si, en quittant ce bas monde, j'y laissois dans le chemin de la damnation, le seul être auquel j'ai donné le jour.

P. S. Les bornes d'une lettre ne me permettent pas de vous citer une multitude de modèles, tirés de la conduite respectable envers leurs peres et meres, de plusieurs personnes de votre âge ; mais la crainte des peines éternelles doit seule changer votre cœur beaucoup plus encore que les exemples, les raisons et les motifs les plus forts. Je vous attends, Madame, dans ma prison, pour vous y embrasser.

Point de réponse encore.

27 Septembre 1797.

A MA FILLE.

Il y a près de vingt jours que j'ai été arrêté pour la troisieme fois depuis que je respire, vous ne l'ignorez pas. Je vois cependant que j'ai vainement mis tout en œuvre pour vous tendre la main, pour vous faire sortir de votre égarement, pour vous faire arriver par la voie du répentir, aux sentimens et aux maximes dont jamais vous n'eussiez dû vous écarter; enfin, Madame, pour vous faire pratiquer les vertus que l'evangile nous enseigne, et celles dont l'opinion publique fait tant de cas, la BIENFAISANCE, la CHARITÉ, la COMPASSION; je m'étois pourtant flatté que mes démarches auroient quelque succès, dans la circonstance présente.

La précipitation avec laquelle j'ai été arrêté le onze de ce mois, ne m'a pas permis de me munir de linge; celui qui couvre ma peau est bientôt pourri, ainsi que deux mouchoirs qui sont dans ma poche. [*]

Deux lettres de moi vous ont annoncé le desir, et l'empressement que j'avois de vous voir. Un trajet de trois lieues ne pouvoit opposer nul obstacle à ce voyage. Mes forces affoiblies sous le poid de soixante quatorze ans, et celui des persécutions réiterées; le sommeil interdit à votre pere, sur les grabats de quatre prisons qu'on lui fait parcourir depuis quinze jours, le spectacle de ce facheux état eût peut-être attiré votre commisération: il paroit que

(*) On ne m'a point envoyé de linge à cette époque.

vous préférez encore de vous charger du poid de l'indignation publique ; il paroit que vous comptez pour rien les horreurs de quatre prisons consécutives, et les incommodités qui accompagnent une telle situation, puisque vous y abandonnez votre pere [ainsi qu'en 1785], sans chercher à venir le consoler, et à faire des démarches pour faire tomber ses chaînes.

A force de persécutions on fera mourir mon corps; hélas ! j'aimerois beaucoup mieux qu'on fit mourir mes vices, mes mauvaises habitudes, mes imperfections.

Voilà, Madame, mes dernieres représentations ; vous ne pourrez nier la réception de cette lettre, car j'envoie un exprès vous la porter.

Point de réponse encore.

P.

P. S. INTÉRÊSSANT.

Enfin mon Gendre est arrivé. Après onze ans de séparation, je ne l'ai pas reconnu ; il a décliné son nom ; il m'a apporté deux mouchoirs, m'a dit qu'il venoit de Paris, pour travailler à mon élargissement, auquel il a témoigné prendre beaucoup d'intérêt, ce que sa conduite à prouvé pendant ma détention.

29 Septembre 1779.

A MON GENDRE.

Il s'en faut de beaucoup, Monsieur, que j'aye été insensible aux démarches que vous avez fait pour moi, et aux regards compatissans que vous avez jetté sur ma situation. Je me hâte de vous le dire, afin d'éviter de votre part le plus léger soupçon d'ingratitude.

J'eusse désiré que, sans égard à l'obstination de madame votre femme, et sans écouter ses répugnances impardonnables, vous l'eussiez amenée à son vieux pere captf, en l'empêchant de renoncer a jamais à s'en raprocher pour un instant; instant précieux, que la providence daignoit lui offrir, et que madame votre épouse ne retrouvera peut-être pas avant ma mort.

Je crois, Monsieur, que puisque d'elle-même, elle n'a pas songé à prévénir ce moment terrible, où il n'y aura plus moyen de réparer des torts, c'étoit à vous a lui inspirer une respectable tentation ; c'étoit pour elle une occasion de salut ; c'étoit pour moi un objet de consolation. L'état de maladie ou elle se trouve, ne lui permet pas [m'avez-vous dit] d'entreprendre le voyage Ah! monsieur, elle est donc malade depuis près de onze ans? elle étoit donc malade quand ma sainte sœur l'appeloit à son lit de mort? elle étoit donc malade encore, lorsque venant en Normandie, il y a trois ans, on affectoit de l'avertir que j'étois réfugié à une lieue des cantons qu'elle parcouroit? J'attendois de la miséricorde du Tout-Puissant, au fond de ma prison, quelque changement de conduite de la part d'une fille unique, et je ne vous dissimule pas, Monsieur, que je l'attends encore de vos démarches, a moins que Dieu [qui vraisemblablement veut bien me conduire au salut par la voie la plus ordinaire, ouverte à ceux qu'il veut y faire arriver, c'est-a-dire, par les afflictions] ne persiste à me refuser cette grace.

BILLET A MON GENDRE.

Du 3 Octobre au soir, 1798.

Attendu l'indisposition de Madama votre femme, Monsieur, je ne veux pas qu'elle entreprenne le voyage à pied. En conséquence je vous envoie une voiture, dans laquelle vous pourrez vous placer à côté d'elle ; je regrete de ne pouvoir faire les frais de vous renvoyer dans la même voiture ; j'espére que nous découvririons quelque facilité pour votre retour ; je ne puis vous proposer qu'un très-méchant dîner de prison, que je viens de commander pour une heure, par la permission du pouvoir supérieur, et je termine ce billet, par vous assurer de ma reconnoissance. Mes complimens à MA FEMME, si elle daigne les recevoir. C'est demain la fête de St. François, l'un de mes patrons.

De la prison, mercredi soir 4 Octobre 1797.

A UNE PERSONNE CHARITABLE, VOISINE DE MA PRISON.

GRACES à Dieu, et à vous, MONSIEUR, j'ai enfin couché dans des draps. Je vous dois bien des remercîmens, de m'en avoir prêté, et de grandes obligations aux personnes qui m'ont procuré l'avantage de vous connoître.

Je m'étois flatté, MONSIEUR, de passer une grande partie de la journée avec ma fille, mais elle a paru comme un éclair; j'avois pourtant fait partir de grand matin la voiture que j'ai envoyé au devant d'elle: elle n'aime pas le séjour des prisons; elle est arrivée froide comme la glace, au moment où on alloit mettre la soupe sur la table; elle n'a point mangé; elle m'appeloit jadis, papa, c'est l'usage ; elle m'a appelé MON PÈRE, MON PÈRE, cela m'est indifférend. Le bref répas fini, elle a pris la fuite. Quant à la mere, elle est restée tranquilement chez elle, à ses risques, périls et fortune, en ce qui concerne le salut éternel ; c'est son affaire. J'ai fait tout ce que la religion éxigeoit de moi, dans toutes les circonstances. Le curé, pasteur de ma FEMME, sera de mauvaise humeur contre elle, quand je lui conterai ce qui s'est passé.

Nous n'avons presque point parlé de nos petites affaires, mon gendre et moi ; son bref séjour ne le permettoit pas ; il m'a cependant promis de proposer à Madame sa belle-mere le projet de délégation permanente, l'embarras sera de reconnoître dans l'acte que les trois débiteurs sont solidaires.

On m'a promis de m'amener mes petits enfans lorsque je retournerai à Paris.

Comme vous voyez, Monsieur, j'ai sué sang et eau dans ma prison, pour parvenir à une réconciliation qui, malgré mes démarches, est encore imparfaite. Le proverbe dit: qu'il faut tirer ce qu'on peut des mauvais payeurs, mais qu'il ne faut toucher qu'avec des mitaines à des playes qui ne sont pas radicalement fermées.

SALUT.

6 Octobre 1797.

A LA MÊME PERSONNE.

On m'a amené mes petits - enfans pendant une demie heure ; on m'a donné deux fermiers, pour me payer annuellement ; on dit que je ne serai pas mieux payé en vertu de cette délégation : il faut convenir, Monsieur, que si j'étois resté en Normandie, que si je n'avois point fait le voyage de Paris, pour venir chercher de l'argent, que si mes trois débiteurs m'avoient exactement payé, je n'aurois pas été arrêté ; je leur dois ma derniere arrestation.

Le premier de Mars 1798.

A MA FILLE.

DEPUIS mon retour de cinq Bastilles modernes, on m'a fait plusieurs questions relativement à vous, MADAME.

On m'a demandé si vous aviez donné quelques suites aux tendres embrassemens que vous aviez reçu de moi, dans l'une de ces prisons? J'ai répondu que non.

Si vous m'aviez adressé un petit remercîment, des boîtes de toilette des Indes, que j'ai donné à M. VOTRE MARI, pour vous? J'ai répondu que non.

Si vous m'aviez adressé un compliment sur mon élargissement? J'ai répondu non.

Si vous m'aviez écrit au premier

jour de l'an 1798 ? J'ai répondu non.

Si vous etiez venue me voir à Paris, dans vos divers voyages ? j'ai répondu non.

Adieu, Madame, je vous aime et vous embrasse de tout mon cœur, pour l'amour de Dieu.

Point de réponse, c'est sa methode.

P. S. Depuis six mois je demande des papiers qui me sont nécessaires, qui sont inutiles à mes trois parens ; depuis six mois on me les promet. On sait bien que je ne ferai pas un procès pour me les procurer.

A Paris, le samedi dernier jour de Juin 1798.

A MA FILLE.

AU mois d'octobre dernier, Madame, je ne vous ai vûe dans ma prison, et vous ne m'y avez fait voir vos enfans [qui, je crois, sont un peu les miens,] que comme l'éclair qui se montre en fuyant.

Je crois encore que vous n'étez nulement fondés à vous plaindre de la réception que vous avez éprouvé de ma part, les uns et les autres.

Depuis cette époque et celle qui en dernier lieu m'a rendu ma liberté, je vous ai toujours attendus chez moi, à Paris, où vous êtes présentement.

Il y a trois mois bientôt, que je vous invite, et vous fais inviter à venir avec vos enfans, dîner dans mon hermitage.

Il paroît certain, Madame, que votre projet est de me reduire à n'avoir jusqu'à mon dernier soupir, avec vous et vos enfans, d'autre communication que celles du sentiment et de la pensée, et que vous étes déterminée à mettre éternellement, entre votre infortuné pere et sa postérité un espace impénêtrable ; je supplie de tout mon cœur, le Dieu rénumérateur et vengeur de ne pas vous en punir tôt ou tard.

Point de réponse.

---

4 *Juillet* 1798.

LETTRE A MA FILLE.

MES exhortations étant depuis nombre d'années sans succès, mes démarche méprisées, mes lettres sans réponse, mes avis sant mérite auprès de vous, je ne vois plus qu'une ressource pour vous convaincre de la nécessité de changer de conduite à mon égard, c'est de vous indiquer quelques bonnes lectures, bien supérieures à celle de mes foibles épîtres.

Depuis long-tems, Madame, je cherche a découvrir [pour vous les proposer,] celles qui doivent éclairer votre aveuglement, *s'il n'est pas devenu incurable.*

Les ouvrages de M. de Fénelon me paroissent les plus propres à rectifier votre raison égarée, à faire renaître dans votre cœur les principes qui en sont sortis ; c'est le plus puissant reméde a employer pour votre guérison.

LISEZ, MADAME.

Du divin Fénelon j'admire les ouvrages,
Ils parlent à mon cœur, éclairent mon esprit;
Sa morale est si douce, et ses conseils si sages,
Que du fond des tombeaux Fénelon convertit.

Sa touchante éloquence entraîne tout lecteur.
Pour l'être souverain il fait naître en notre ame
Ce vif et pur amour dont il sentit la flâme,
Qui conduisit sa plume, en inspirant son cœur.

Vous, qui ne sachant rien prétendez tout comprendre,
Au sot et vain orgueil, substituez la foi,
De la divinité reconnoissez la loi,
Et comme Fénelon soyez soumis et tendre.

A la religion toujours il fut fidèle ;
Il en fit son étude, elle éclaira son zèle :
De ses heureux travaux *nous devons profiter.*
Ah ! quand Fénelon croit, qui peut encor DOUTER ?

Nota. *Une Dame très respectable est l'Auteur de cet éloge.*

FIN.

Mr. Geffrard

de Sanois.

il a fait graver son portrait avec ses mots

calumniæ nunc victima nunc victor.

un de ses noms de baptême est françois

28

www.ingramcontent.com/pod-product-compliance
Ingram Content Group UK Ltd.
Pitfield, Milton Keynes, MK11 3LW, UK
UKHW021030260726
13994UKWH00005B/2049